DAS FAHRRAD

Fotografiert von
Karl-Heinz Raach
Mit einem Text von
Alexander Schmitz
Ellert & Richter
Verlag

Inhalt

Geschichtliches zum Fahrrad

Das Fahrrad steht in hoher, neuer Blüte, und seine eigentliche Geschichte ist genaugenommen die Geschichte eher grillenhafter Variationen auf ein Thema, das im Grunde gute hundert Jahre lang im wesentlichen unverändert blieb: Fahrrad bleibt Fahrrad, ob – wie 1897 – als preußisches Klapprad für die Tornisterrücken des Militärs, als Mannschaftsrad für drei oder mehr Feuerwehrmänner anno 1899, oder als rollender Ideologie-Träger des „SPD-Arbeiter-Radfahrerbundes Solidarität" am Anfang unseres Jahrhunderts: Das Fahrrad war, seit es sich vom Hochrad für Aristokraten zum von denen als Teckel oder Kriecher verhöhnten Niedrigsitzer mit den zwei fast gleich großen Rädern „herunter"-entwickelt hatte, zur „Equipage auch für Arme" geworden, ein Mobil fürs breite Volk, wie ein ehedem hochradelnder Konvertit einsichtig protokollierte: „Diese Maschine, welche keine exklusiven Sportskreise mehr erfordert, sondern für jedes Alter und Geschlecht paßt, ist geeignet, die Wohltat des neuen Prinzips individueller Lokomotiven der Allgemeinheit dienstbar zu machen und damit um einen Riesenschritt ihrem großen Zwecke näher zu bringen." Na bitte.

Da kam neue Toleranz auf zwei Rädern herangerollt, und die ging, bevor das Fahrrad der Frau „die Hosen schenkte", wie Jutta Franke, die Initiatorin der 1987er Berliner Fahrrad-Ausstellung im Verkehrsmuseum sagt – die ging damals, um die Jahrhundertwende, jedenfalls noch solch drollige Umwege, daß sie den Damen asymmetrische Velos bescherte, auf denen sie sitzen konnten wie im Wilden Westen auf den Zossen!

Dabei ist das Fahrrad, bedenkt man das mal im größeren historischen Bogen, eigentlich doch erst reichlich spät gekommen, ließ das Prinzip jener Fortbewegungsweise, die noch weniger Energie verlangt als selbst das Gehen, ganz schön auf sich warten. Aber das ist nun einmal das Prinzip jeglicher Evolution, die hier begann mit der schönen Erkenntnis, daß man abgehackte Baumstämme den Hang nicht hinuntertragen, sondern -rollen lassen kann. In Scheibchen geschnitten ergab der Stamm das Rad, und das hat sehr viel später dem omnipotenten Genius Leonardo da Vinci dann nicht nur die Idee zum Helikopter geliefert, sondern sehr wohl auch zum Fahrrad, oder, genauer, zum Laufrad.

Freiherr von Drais auf der von ihm entwickelten Schnell-Laufmaschine „Draisine" (1817).

„In theoretischer Hinsicht liegt der bekannte Mechanismus des Rades, auf die einfachste Art für das Laufen angewendet, zu Grunde", schrieb vor nun doch schon hundertsiebzig Jahren der 1785 in Karlsruhe geborene Carl Friedrich Christian Ludwig Drais von Sauerbronn: „So gut ein Pferd auf der Landstraße die auf einen verhältnismäßig wohl gearbeiteten Wagen geladene Last viel leichter samt dem Wagen zieht, als ohne ihn die Ladung auf dem Rücken trägt, so gut schiebt der Mensch sein eigenes Gewicht viel leichter auf einer Maschine fort, als er das selbst trägt. Dies ist umso mehr der Fall, als man mit dem nur einzigen Geleise sich immer die besten Strecken der Landstraße aussuchen kann." So holprig des Freiherrn Deutsch, so schlaglocharm wurde das Reisen: Man umfuhr fortan die Hindernisse in eleganten Schlenkern und war damit allen Kutschen und Rikschas, die es schon lange gab, mit seiner nur noch einen Fahrspur voraus.

Holprig und voller Schlaglöcher allerdings war die Vita des Freiherrn aus Karlsruhe, der eigentlich nach dem Willen seines Vaters, eines badischen Staatsdieners, ein Rechtsgelehrter werden sollte. Doch das Studium von Kodizes war Carl Friedrichs Sache nicht; sein Herz schlug für die Technik statt fürs Schul-Latein, er wollte Mechaniker werden, was damals nichts unbedingt Standesgemäßes war. So einigte der Familienrat sich auf einen Kompromiß: Carl sollte Forstbeamter werden, und das wurde er auch – ein schlaues Kerlchen, das sich sehr fix ausgerechnet hatte, daß Hege und Pflege von Wald und Flur allemal genug Zeit lassen zu innovativen Flügen des Geistes. Frucht dieser Flüge war ein Schnellschreibklavier, eine Fleischhackmaschine, der Doppelspiegel für Um-die-Ecke-Gucker, das dyadische Rechensystem, eine wohlfeile Schießmaschine und dann ein Wagen auf vier Schienenrädern – die heutige Draisine – zur Inspektion der Bahnstrecken, welchen seine Insassen per Muskelkraft fortbewegten.

Hartan verbesserte das Schnell-Laufrad und nannte seine Erfindung „Velacide" (1860).

Aufgrund seiner labilen Gesundheit war Carl Friedrich zu allem Glücke noch 1811, eben vor Napoleons Gang nach Rußland, vom Militärdienst freigestellt worden, so daß er 1813 dem Zaren und im Jahr darauf dem Wiener Kongreß das Fahrzeug vorführen konnte, mit wenig Erfolg und eigener Überzeugung, war dem tätigen Geiste doch längst Besseres eingegeben: eine „Laufmaschine", von Drais „Velociped" geheißen, aus viel Holz gefertigt, mit gepolstertem Sitz und einer Lenkeinrichtung am vorderen Rade. Sein Grundgedanke: das den Körperschwerpunkt bei jedem Schritt auf und ab bewegende Gehen in eine Laufart umzuwandeln, die nur noch reine Horizontalbewegung ist. 1817 war Drais soweit, sein Velociped einer Öffentlichkeit zu präsentieren, die freilich auf die ungewöhnliche Vorführung mit Kichern reagierte, das sich erst zu ernsthafter Aufmerksamkeit auswuchs, als aus einer Wettfahrt zwischen Velo und Pferdefuhrwerk von Karlsruhe nach Kehl das Zweirad als Sieger hervorging: Die Pferdekutsche hatte sechzehn, das Laufrad nur vier Stunden gebraucht – bei einer Durchschnittsgeschwindigkeit von etwa zwanzig Stundenkilometern. Doch recht galt der Prophet im eigenen Lande dennoch nichts, weshalb Drais erst, mit mäßigem und nur kurzzeitigem Anklang, den Parisern etwas vorradelte und dann den Londonern. Die immerhin kauften Laufräder für ihre Postbeamten, und das zur großen Freude vieler Schuster: Die Schuhsohlen der Briefträger gingen reihenweise durch.

Zurückgekehrt ins Badische, ließ der Ex-Forstmann sich wegen clever abgefaßter Verträge übers Ohr hauen, wurde all seine Ersparnisse los und zu allem Unglück dann auch noch, nach einer Wirtshausschlägerei, seine Beamtenrechte samt Pension, so daß ihn einige Städte gar

Der Großvater zeigt stolz sein Holzrad (1865).

Familienausflug vor
Löwenzahn: Botschaft aus
heiler Idylle.

zur unerwünschten Person erklärten! Also schlug der arme Freiherr sich auf Jahrmärkten als komischer Vehikel-Artist durch, eine Witzfigur in grünem Försterloden und gelben Hosen und mit Veilchen-Augen: Bei seinen Kunststückchen zog Drais sich nach und nach dermaßen viele Blessuren zu, daß er auch das aufgeben mußte. Am 10. Dezember 1851, so weiß die Chronik, saß der arme Mann wieder mal in einem Wirtshaus irgendwo am Rande seiner Geburtsstadt, als er in der Zeitung las, daß die Engländer bei ihrem Kampf gegen aufmüpfige neuseeländische Aborigines erstmals Fahrräder eingesetzt hätten: Der Anblick der seltsamen Gefährte habe die Eingeborenen dermaßen erschreckt, daß sie ohne Federlesens aufgaben.
Erschreckt, wenn wohl auch freudig, hatte den Freiherrn der Artikel: Er starb vor lauter Aufregung am Herzschlag...

Der Siegeszug des Velozipeds

Doch als der 66jährige mit gerade 30 Gulden als Nachlaß gestorben war, stand die Reifung dessen, was er hölzern begonnen, längst in praller Blüte. Der Kammerjunker selbst hatte ja noch den höhenverstellbaren Sattel, die Bremse namens „Schleifsperre", Gepäckträger und Fußrasten dazugebastelt und angeboten und besonders extravaganten Kunden Vergoldungen, Lampen auch, Regen- wie Sonnenschirme und gar ein Segel empfohlen, „um einen günstigen Wind auszunutzen". Und 1845 erfand der englische Ingenieur Robert W. Thomson etwas, das die Geschichte des Rades, immerhin schon gute 10 000 Jahre alt, völlig umkrempelte – den Luftreifen; aber nicht zu fassen ist, daß sich für die Erfindung niemand interessieren wollte! Erst der Ire Dr. John Boyd Dunlop, dessen Nachname noch heute Reifen ziert, erhielt 1888 das Patent für seinen Pneu, und der Verkauf seiner Idee an eine gerade eröffnete Fabrik brachte dem Belfaster 300 fette Pfund, die den Tierdoktor allerdings auch nicht zum glücklichen Manne machten: Ein ganzes Heer neidischer Erfinder-Kollegen deckte den Amateur-Innovator sein restliches Leben lang mit Pamphleten und massenhaft Klagen ein. Aber dann endlich, als 1901 die Rücktrittbremse erfunden worden war, stand das Velo, wie wir es heute kennen, im wesentlichen als Grundent-

In Berlin entwickelten von Dumstrey und Lungck eine Veloziped-Droschke und tauften sie „Sultan" (1889).

wicklung, und der Stoßseufzer des Aristokraten war aus seiner Warte verständlich: „Der Arme hat nun tatsächlich seine Equipage ebenso gut wie der Reiche, welcher die seinige verläßt, um das Fahrrad zu besteigen", wie Horst-Dieter Ebert zitiert hat.
Doch heutzutage liegt Klassenunterschiedliches eben auch im Detail, und

darum geht fehl, wer annimmt, daß die Welt auf den zwei Speichenrädern eine Welt von Gleichen wäre. Heute heißen die Reizwörter beispielsweise „Reynoldsrahmen" und „Titanachse", „Campagnolo-Schaltung" und „Lamborghini", „Kernleder" für den Sattel, „Niederflanschnaben" für die Laufräder und „schlauchlose Seidenreifen", „Colnago-Sport" mit dem vergoldeten Rahmen und so fort: Bei uns fährt man heute anders Rad als, sagen wir, im Reich der Mitte. Hier ist Radeln zur Weltanschauung verfeinert worden, diagnostizieren die Experten, habe das Strampeln mit reiner Nutzanwendung längst nichts mehr zu tun. Denn wo in China auf einem einzigen Veloziped ganze Wohnungseinrichtungen ebenso transportiert werden wie die Taschen wohlgewandeter Büroangestellter oder das auf dem Markt erworbene Schlachtschwein des Landmanns, da greifen hier Prestige-Lust und neues Klassendenken Platz, wie Soziologen und Psychologen ermittelt haben. Gewiß, es gibt auch Spielarten wie die neoromantisch veranlagten Naturfreunde auf ihren Wanderrädern und die Zivilisationsskeptiker, die als Gesundheitsapostel zu Rade ihre Trimm-Dich-Programme zu Fuß auf die Pedale verlegt haben, die Amateur-Thuraus und, natürlich, auch jene, die mit ihrer Radfahrerei ihren Beitrag zum gesünderen Umgang mit einer immer kränker werdenden Umwelt leisten wollen. Aber ebensowohl ist das Radeln als demokratische Veranstaltung zur chrommolybdänblitzenden Variante der Konsumlust verkommen, die aus lauter Gier nach immer neuer Befriedigung für so einen Goldschatz schon mal sechstausendfünfhundert Deutsche Mark hinblättern läßt, für Geräte, die man nicht fährt, sondern besitzt. Mehr als dreieinhalbtausend Mark, wiegelt ein Hamburger Fahrradhändler kreuzfidel ab, muß jedoch auch ein Spitzenrad nicht unbedingt kosten, und im übrigen habe die Tatsache, daß beim Top-Management unserer Republik der Trend zum Zweit-

Beinahe bukolische Romantik in der Nähe von Eriskirch am Bodensee – kein Platz für das bäuerliche Kraftfahrzeug.

Auch eine Ordens-
schwester muß mobil sein,
wenn sie im Sozialbereich
tätig ist und nicht hinter
Klostermauern.

Rad geht, die Preise für normal erschwingliche Räder „nahe an die fünfhundert Mark getrieben". Fahrräder sind, daran läßt sich nicht rütteln, für eine wachsende Gruppe von Tretern zu Statussymbolen geworden, und das gilt für den Esel mit goldeloxierter Kette und Felgen auf dem Mercedes-Gepäckträger ebenso wie für Gefährte im Colani-Design.

Variationen zum Thema

Erstaunlich ist andererseits aber auch, wie schwer es immer wieder Spielarten von Fahrrädern haben, die vom Proto-Rad der ersten Generation nach Drais allzu sehr abweichen. Der High-Riser, angeregt im Entwurf von den Feuerstühlen, mit denen Peter Fonda und seine Freunde in „Easy Rider" dereinst wie die Beatniks der fünfziger Jahre durch Amerika donnerten, ist ebenso von der Szene verschwunden wie das Klapprad, das in den siebziger Jahren in zahlreichen Kofferräumen auf den Einsatz wartete. Immer wieder auch wird eine kardangetriebene Variante vorgeschlagen, die sich ebensowenig durchzusetzen vermag wie der Line- oder Querstabantrieb, bei dem nicht mehr im Kreis, sondern auf und ab getreten wird. Und auch nicht sicher ist, daß die Branche ihre jährlich geplanten 30- bis 40 000 Räder unters fahrende Volk bringen wird, bei denen die Kette ersetzt wurde durch einen Zahnriemen aus einer Gummimischung mit Kevlar-Einlage, der immerhin verschleißfrei ist und satte zwanzig Prozent mehr Wirkungsgrad verspricht. Tja, und das Liegerad, immer wieder von Hobbytüftlern aktiviert, kann sich seinen Platz im Markt auch nicht sichern, angeblich, weil die gestreckte Rahmenkonstruktion letztlich doch allzu viele Probleme aufwerfe. Kurzum: Fahrrad bleibt Fahrrad, und dazu zählt man präzise diese: das Nahbereichsrad, robust und mit Gepäckträger, ohne Gangschaltung, maximal achtzehn Kilo schwer; das Touren-Sportrad, ebenso stabil, aber mit Dreigang-Naben- oder Kettenschaltung, bis zwanzig Kilogramm schwer; das leichte Rennsportrad mit Beleuchtung und Kotflügeln, zehn bis zwölf Gängen und vom Preis her nach oben unbegrenzt; dann das reine Rennrad, extrem leicht ohne alles Überflüssige, für das der Eigner sich nach Gutdünken anbaut, was er will. Es wiegt bis zu dreizehn Kilo, hat zehn bis zwölf Gänge und Spezialanfertigungen mit individuell angepaßtem Rahmen auf Wunsch; dann das sogenannte BMX-Rad für junge Leute mit Alu- oder Stahlrahmen, ohne Licht und Kotflügel. Es hat keine Gangschaltung, dafür aber grobstollige Ballonreifen, wiegt ein Dutzend Kilogramm und darf nur im Gelände gefahren werden; das Mountain-Bike, „Bergrad", als BMX-Version für Erwach-

Eine Anleitung zum
Besteigen des Hochrades
(um 1900).

sene mit bis zu achtzehn (!) Gängen, Trommelbremsen und Gewichten zwischen 13,5 und 16 Kilo. Das wär's, sieht man ab vom „Bickerton", dem Taschenrad zum Falten, zehn Kilogramm schwer und gedacht für Boots- oder/und Wohnmobilhalter.

Und wer noch kein Rad hat, sollte mit Obacht kaufen: Der Rahmen sollte aus Stahl oder Aluminium sein und die einzelnen Rohre „vermufft", wie das heutzutage heißt; nicht stumpf aufeinander sollen sie verschweißt sein, sondern teleskopartig vorm Schweißen übereinandergeschoben. Die Felgen sollten aus Alu sein; das rostet nicht. Die Pedale haben im Vierkanttretlager zu drehen. Die Speichen sollten aus Nirosta-Stahl, der Gepäckträger vor allem stabil und die Naben zu öffnen sein. Das neue Motto heißt: Qualität statt Billigware, und auf Beratung und guten Service legen vor allem Frauen gesteigerten Wert. Immerhin kauft heuer mehr als jede zweite Frau, wie das sich statistisch nennt, ein Fahrrad; und glaubt man den Experten, dann sind die Zeiten endgültig vorbei, da das technische Interesse reine Männer-Sache war...

Fahrrad bleibt Fahrrad, doch Trends gibt es trotzdem, wie zum Beispiel Fachmessen zeigen, hin zu mehr Fahrbequemlichkeit und mehr Sicherheit, hin zu einer sich immer selbstbewußter erweisenden Modebranche, die sich der speziellen Zielgruppe der „bikers" widmet. So will ein sogenanntes „Ergorad" aus Saarbrücken Wege für ein völlig neu durchkonzipiertes Stadtrad aufzeigen:

Setzt es sich durch, dann hat der über hundert Jahre alte Dreiecksrahmen ausgedient, wird der Sattel elastisch aufgehängt und sorgt schließlich der kürzer gewordene Abstand zwischen Sattel und Lenker für eine gesündere Sitzhaltung.

War lange Zeit das 28-Zoll-Rad das Höchste der Gefühle, so blüht nun dem 30-Zoller mit extra hohem Rahmen eine Zukunft.

Der Grund: Der Mensch wird größer als sein direkter Vorfahr.

links:
Ein Hochrad um 1884.
rechts:
Der Fahrradbesitzer mit
seinem Hochrad um 1875.

In Freiburg trainiert ein Spezialist für große Sprünge und nutzt für seine Zwecke eine Skateboard-Bahn.

Alwa

Trends aber vor allem im Detail: So wird die hydraulische Felgenbremse mittlerweile in Serie produziert, die Bremshebel-Mechanik insgesamt verfeinert, der Bremszug hinkünftig wohl geradlinig verlegt. Daneben gibt es nun auch den nachrüstbaren Kettenschutz für Räder mit Kettenschaltung, wird mit Vorliebe der Daumenschalter angebaut, auf Rasterung umgestellt. Damit nicht genug: Die Japaner schicken sich an, das Schalten stufenlos zu revolutionieren. Deutsche Entwickler möchten sich von der gekreuzten Speichung verabschieden – kurzum: *Am* Rade, nicht *das* Rad wird geändert, was allerdings, da der Mensch nun einmal getreulich dem Trieb nach Innovation folgt, die, wenn ausgeschöpft in ihren Möglichkeiten, zur Kunst „umkippt", auch schon mal zu Grotesken führen kann – wie einem 160 000 Deutsche Mark teuren Fahrrad, dessen seltsamer Vorzug darin besteht, daß es nicht fahren, sondern nur entzückend schön in der Gegend herumstehen kann.

Die sanfte Art der Fortbewegung

Ein paar Zahlen gefällig? Einiges darunter liest sich imposant, anderes deprimierend, was kein Wunder ist, wenn man registriert, daß auf der ganzen, weiten Welt über 800 Millionen Fahrräder rollen und davon immerhin über 42 Millionen allein in der Bundesrepublik und West-Berlin, was mehr als fünf Prozent des Gesamtbestandes ausmacht! Anders gesagt: In deutschen Haushalten gibt es reichlich mehr Velozipede denn Automobile, und der wirtschaftliche Trend, der immer nur zwischendurch mal „abschlafft", weist beharrlich weiter nach oben: Pro Jahr werden hierzulande durchschnittlich über zwei Millionen Räder produziert und fast ebensoviele gekauft.
Daß solche Zahlen auch ihre Schattenseiten haben, ist da kaum verwunderlich: Schon 1981 hatte der Karlsruher Bundesgerichtshof vorgeschlagen, auch für Radler eine Verkehrssünderkartei à la Flensburg einzurichten. Allerdings blieb es bei dem Vorschlag, weil das eigentliche Problem nicht bei den fahrenden Sündern, sondern den Stadt- und Verkehrsplanern diagnostiziert wurde:
Sie hätten bislang die „sanfte Art der Fortbewegung" sträflich ignoriert und eine Umwelt gebastelt, die offenbar nur von motorisierten Mobilisten bevölkert schien. Die aber sind den Unmotorisierten kreuzgram, weil, wie es in Studien hieß, der unberechenbare, oftmals schlingernde Fahrstil der Radler auf Autofahrer Bremswirkung ausübe, und das vor allem, weil „Radfahrer keine Knautschzone" hätten. Damit gelten sie im Allgemeinbewußtsein als unbeliebteste aller Verkehrsteilnehmer. Und deren Unfallzahlen steigen stetig. Haupt-Todesursache: das rechtsseitige Überholen von Autos

Familiendreirad der Berliner Dreiradgesellschaft (1898).

bei roter Ampel. Dazu kommt, so der Deutsche Verkehrssicherheitsrat, daß immer jüngere Radfahrer von ihren Eltern und den Schulen immer schlechter informiert auf die Straßen losgelassen würden. Resultat: 12 000 verletzte drei- bis 15jährige Strampler, darunter runde 5000 Schwerverletzte und fast 200 Tote. Daß es vor allem Kinder und Jugendliche trifft, ist klar: Nur acht Prozent aller Erwachsenen fahren mit dem Stahlroß zur Arbeit, aber sehr viel mehr Kinder radeln zur Schule und in ihrer Freizeit, derweil auch immer mehr Frauen per Rad zum Einkaufen fahren, dies aber erwiesenermaßen sehr viel umsichtiger tun.
Aber gegen das Verkehrssündigen sind auch andere Treter nicht gefeit, und allenthalben macht das Wort vom „Klassenkampf auf Rädern" die Runde. Von 770 Verkehrsunfällen in der Stadt Münster

beispielsweise waren 403 von Radlern verursacht worden, wie es in einer Stichproben-Untersuchung heißt, und nach Auskünften der Frankfurter Verkehrspolizei sind es durchschnittlich gar 70 Prozent aller Unfälle, die von Radfahrern verursacht werden. So stellten beispielsweise Ordnungshüter in Hannover zu ihrem Entsetzen fest, daß von 3000 Radlern sich kaum jeder dritte verkehrsgemäß verhalten hatte. Und in Bremen fand die dortige Gesellschaft für Landeskultur ähnlich Erschreckendes heraus: 65 Prozent aller Radfahrer biegen ohne Handzeichen ab, 26 Prozent verzichten auf jegliche Beleuchtung, 22 schnippeln die Kurven nach Lust und Laune, 20 Prozent biegen ab, ohne sich vorher umzuschauen, und immerhin noch 14 Prozent nehmen den Autos die Vorfahrt. Radfahrer benähmen sich, heißt es immer wieder, wie die neuen Herren der Straße, und Radlers Rowdytum greife um sich wie ein Buschfeuer. Der Grund: Vorbei ist die Zeit des „Hosenklammer-Syndroms" (Peter Stützer); stattdessen breche sich ein nagelneues Selbstbewußtsein unter den Stramplern Bahn, daß zu jener Aggressivität und Rücksichtslosigkeit führen soll, die bislang den Automobilisten vorbehalten waren. Und diesen neuen Stil kultivieren gerade jene Jahrgänge, denen die Unwissenheit der Jugend abhanden gekommen ist und die Zaghaftigkeit des Alters noch fremd – die der Zwanzig- bis Vierzigjährigen, die es in Beruf und Familie zu etwas bringen oder bereits gebracht haben, sich auf dem Herrensattel missionarisch als Verkünder der Botschaft von Dynamik, Sportlichkeit, Freiheitssinn und Umweltbewußtsein fühlen und daraus Sonderrechte ableiten, wie ein Berliner Polizeipräsident sagte. Dem assistiert ein Sprecher des Allgemeinen Deutschen Fahrrad-Clubs ADFC, wenn er ungeschminkt von einer „Art Bürgerkrieg auf unseren Straßen" spricht, an dessen jeweiligem (Jahres-)Ende die Statistik dann rund 60 000 verunglückte Strampler zählt,

Blaurot und lang:
Pause an einer Freiburger
Kirchenmauer, hinter der
sich das Museum für
Neue Kunst verbirgt.

Keine Revolvertasche aus
dem Wilden Westen:
So sahen früher die Vorläu-
fer der Satteltaschen aus.

von denen fast 800 zu Tode kommen. Soziologisch fällt dabei auf, daß diese Einzelkämpfer sich aus allen Schichten zusammensetzen, und genüßlich erzählt man sich immer wieder die wahre Geschichte von dem Frankfurter Amtsrichter, der öfter mal auf dem Fußgängerweg fahrende Radler mit Backpfeifen versorgte, derweil sein Kollege (!), vom ersten unbemerkt, für seine Radfahrten zum Gericht den Bürgersteig der Autostraße vorzog.
Tatsächlich: Obwohl die Bundesanstalt für Straßenwesen immer mal wieder appelliert: „Insgesamt muß der Radfahrer im Verkehr mehr respektiert werden" und damit des Sattelreiters Selbstbewußtsein nicht eben schmälert, sind die Fahrradler den Autofahrern gegenüber in allerlei Hinsicht im Vorteil. So haben ihre Gefährte keine Nummernschilder, die ein Verkehrsschupo sich zum Zwecke späterer Ahndung notieren könnte. Und sie sind beweglich noch im dichtesten Getümmel. Und wie sich das mit dem Energieaufwand beim Fahren mit dem „muskelbetriebenen Tretfahrzeug", wie das Fahrrad in schönstem Bürokratendeutsch heißt, wirklich gegenüber dem Automobil verhält, wird dann deutlich, wenn man sich klar macht, daß ein Radler für eine Strecke von sage und schreibe 37 Kilometern exakt die Energie investieren muß, die ein Auto benötigt, um lumpige 700 Meter zurückzulegen! Und sogar dem Fußgänger gegenüber ist der Radfahrer in erheblichem Vorteil: Für die gleiche Strecke benötigt ein Mensch zu Fuß fünfmal mehr Energie wie sein Artgenosse zu Rade, der außerdem auch noch viermal schneller ist.
Gleichwohl – die Palette der Verstöße durch die Treter ist vielfarbig bunt, und da gibt es alles von der verletzten Vorfahrt über die Linksfahrerei bis zu den Geisterfahrern und den Promille-Rittern, die es dem BGH naheliegend erscheinen lassen, „auch für den Radfahrer einen nach dem heutigen Erkenntnisstand zwischen 1,5 Promille und 2 Promille liegenden Wert der absoluten Fahruntüchtigkeit zu bestimmen".
Ob dieses Gesetz wird, weiß noch niemand, obwohl das Hohe Gericht darauf verweist, daß gerade die technische Vervollkommnung des Fahrrades immer weiter voranschreitet „und seine Bedienung, aber auch die – wenn auch mit eigener Körperkraft zu erzielende – Geschwindigkeit höhere Anforderungen an seine Beherrschung im weiter zunehmenden Straßenverkehr stellt". Immerhin, so fand der „Spiegel" heraus, habe das Oldenburger Oberlandesgericht einen Radler wegen „fahrlässiger Trunkenheit im Verkehr" zu einer Geldstrafe von satten 500 Mark verurteilt.
Gleichwohl, es gibt ihn, den Kodex für Radfahrer, der zum Wesentlichen zusammengefaßt so ausschaut: BGH Karlsruhe Aktenzeichen 4 StR 543/85: Mit 1,7 Promille ist der Radfahrer fahruntauglich. Landgericht Mainz 1 Qs 241/85: Jemand, der von der Polizei als *Fahrradfahrer* bezecht erwischt wird, kann seinen *Auto*schein behalten. Nochmal Karlsruhe, 4 StR 192/86: Auch Geisterradler haben Vorfahrt. Und, last but not least, Oberlandesgericht Köln SS 171/82: Wenn ein Autofahrer mit dem Rade einen Unfall verschuldet und dann „flitzt", behält er seinen Führerschein. Extrahinweis zum „Lieblings"-Vergehen der „bikers" vom OLG Düsseldorf 1 U 249/80: Radfahrer, die zum Beispiel vor einer roten Ampel haltende Autos rechts überholen, riskieren ein Bußgeld.
Gerade der letzte Punkt hat die „Freundschaft" zwischen Radlern und Autofahrern auch nicht gerade intensivieren können, und – verkehrte Welt? – unter denen, die kein Auto, aber ein Rad ihr eigen nennen, sind immerhin beachtliche 76 Prozent der Ansicht, Autofahrer nähmen auf sie keine Rücksicht. 60 Prozent, fand eine Illustrierte in einer Spezialumfrage heraus, meinen gar, Autofahrer legten es immer wieder darauf an, den armen Radfahrern

Ein greises Fahrrad vor
Ziegelstapeln, in dem
Dorf Oberstetten auf der
Münsinger Alb.

Der Lenker wiederholt
den Bogen der steinernen
Welle.

Homer, auf seine Lyra
gestützt, und ihm zu Füßen
am Eingang zur alten
Freiburger Universität ein
studentisches Mobil.

Schönheit der Technik:
Hier der Umwerfer eines
Rennrades, der die Kette
auf verschiedene Zahnräder transportieren kann.

Gelbe Speichen, gelbe Blümchen: So wird reiner Nutzen durch Spieltrieb veredelt für kreatives Radeln.

Einträchtig beieinander: Vorderradgabeln in einem alternativen Fahrrad-Laden. Er schlachtet gebrauchte Räder aus und bietet Tüftlern Teile zum Basteln an.

Amsterdamer
Farben-Schwelgen:
Roter Zahnradschutz,
gelbe Pedalarme und
blaues Rahmendetail.

Amsterdam, sehr bunt und lustig. Individueller fällt wohl keine persönliche Kenn-Zeichnung aus.

Ein Fahrradzebra vor einer
Graffiti-Mauer, mitten in
der Amsterdamer „Szene“.

Poesie mal zwei, mit der Hand an der Klingel. Modisches Bewußtsein und technische Zweckmäßigkeit vereint.

Schmuck fürs Damenrad – statt simplem Propeller gleich ein ganzes Flugzeug. Auch ein Aeroplan benötigt Räder.

Personalausweise für Drahtesel, abgelegt und vergessen oder mit Hoffnung auf neue Identität?

NSN
KROMMENIE
RIJWIELFABRIEK

Harmonie im Alter:
Ein VW-Käfer aus den 50er Jahren trägt ein ehemaliges Rennrad aus dem Jahre 1939.

zu zeigen, wer die Stärkeren im Lande seien, und andersherum vertreten 62,4 Prozent der Autopiloten die Auffassung, Radler hegten den Irrglauben, daß die Verkehrsregeln für sie nicht gemacht wären. Clou am Rande: Jeder zweite Radfahrer gibt zu, daß das auch so sei. „Umweltfreundlich, aber verkehrsfeindlich": Auf diese Formel hat das Berliner Polizeipräsidium die Fahrradfahrer gebracht. Aber die beklagen sich am laufenden Bande über den Mangel an fahrradfreundlichen Stadtbildern. Ausnahmen wie Detmold und Rosenheim/Bayern sind da wohl tatsächlich allenfalls die Ausnahme, die die Regel bestätigt. Die Radler jedenfalls sehen das so, und darum gibt es für sie heute in vielen Städten schon kommunale „Fahrrad-Beauftragte", und – wie in Lübeck – gibt es allenthalben regelrechte „Fahrrad-Beiräte", deren Aufgabe es ist, der Bürgerschaft von den Wünschen und Wehen derer zu künden, die sie vertreten. Und dann gibt es, wie schon erwähnt, ja auch noch den ADFC, eine stattliche Vereinigung mit bisher ungefähr einhundert Ortsvereinen, zwanzig Ortsverbänden und bundesweit über 12 000 Mitgliedern. Immerhin rühmt sich der ADFC seines guten Drahtes nach Bonn, zum Verkehrsministerium: „Wir gehören ja nun auch zur Lobby", sagt der Chef des Clubs stolz, und zu erfahren ist von manchem Besuch beim Minister, deren einer zu einer gemeinsamen Fahrradtour durch Bonn geriet, „damit er mal den Notstand mitbekommt". Und der gründet nicht nur in vielen viel zu schmalen Radwegen, nicht nur in unsachgemäß postierten Blumenkübeln oder Laternenpfählen. Ob der ADFC seine Forderung durchbringt, jede Menge Einbahnstraßen für den Radverkehr freizugeben (in entgegengesetzter Richtung, versteht sich), bleibt abzuwarten ...

Psychologie des Stramplers

Und so, wie die Radfahrer in Bonn ihre Lobby haben, so verfügen sie auch noch über ein spezielles Forschungs- und Entwicklungsinstitut an der Technischen Hochschule Aachen, und sie haben einen echten Psychologen in Köln. Michael P. Degen heißt er, *und* mit einer kompletten Studie über das Seelenleben von Radfahrern *beim* Fahren hat er ein Psychogramm zutage gefördert, das sich liest wie ein dramaturgisch ausgetüfteltes Drehbuch in vier Akten oder, themennäher, in vier Gängen.
Tatsächlich: Fahrrad zu fahren, das bedeutet nicht mehr nur die bequemere Bewältigung einer bestimmten Strecke als zu Fuß, sondern es scheint eine Weltanschauung zu symbolisieren, deren Leitgedanke heißen könnte: Wir müssen dem Automobil gegenüber zwar mit Einschränkungen leben, aber daraus bieten sich für uns auch Chancen. Und die seien umreißbar mit den drei Wörtern: „Weniger ist mehr." Degen hat am Psychologischen Institut der Universität Köln Tiefeninterviews mit Radfahrern geführt, deren höchstes ideelles Gut die eigene Realisation in einer „kleinen, überschaubaren Welt" ist, wobei diese Selbstverwirklichung „kinderleicht" sei und durchaus an das Märchen von „Hans im Glück" erinnere, in dem durch ständiges Einwechseln größerer in kleinere Dinge die Illusion, immer reicher zu werden, schrittweise zunimmt: „Zum Schluß hat Hans im Glück nichts mehr und ist dabei dann am glücklichsten; er hat das Entwicklungsversprechen des großen Kreises aufgegeben und ist damit aber zugleich frei von aller Last von Verwandlungsanforderungen", schreibt Degen, der am Anfang seiner Analyse aus einer bereits 1975 erschienenen Psychologen-Arbeit zitiert, in der ein Radler wie folgt zu Wort kommt: „... das ist, als ob du schwebst. Du kannst mit den Vögeln konkurrieren. Das ist wirklich so, als wärst du kurz vorm Ab-

Gemeinsam friert es sich
besser: Räder, vergessen?

Unterm Schnee wird das
technische Wesen zur
Winterskulptur.

heben ... ja, irgendwie übermenschliche Kräfte, die du da entwickelst ... Da ist man dann auch in einer Hochstimmung ... dieses Gefühl des Leichten und Schwebenden. Das bringt was! ... Ich komme mir da wirklich vor, na ja, als hätte die Seele Flügel bekommen."
Was sich da verwirklicht, läßt sich sehr fahrradspezifisch formulieren, und so sprechen die Interviewten davon, „in die Gänge" zu „kommen" oder auch davon, daß sie „Tritt fassen" – Begriffe, die aus der Fahrpraxis entlehnt hier seelische Zustände beschreiben sollen und können, wie das auch Zitate tun, die sich direkt auf das Fahrzeug beziehen, welches „einfach" sei, „locker beherrschbar" oder auch „technisch leicht handhabbar." Doch so kinderleicht diese überschaubare Welt anmutet, so schnell ist es doch auch mit aller „Leichtigkeit", „Flüssigkeit" vorbei – bei happigen Steigungen etwa, im Autoverkehr oder auf Wegen voller Schlaglöcher. Aber auch das kann umgewertet werden: Wer all diesen Hindernissen trotzend sich doch zum Radfahren aufschwingt, liefert sich selber Chancen zu Erfolgserlebnissen, und – so Degen – die Seele des Radlers gerät „ins Rotieren" wie die Räder seines Untersatzes, und seine Seele tut das, als wäre ihre Rotation gesteuert durch ein Vier-Gang-Getriebe. Der erste Gang ist der des „Entspannens", der Befreiung, des „Schwebens". Im zweiten Gang dann verschafft der Fahrer sich durch eine Art „Umrechnen" ein völlig neues Gleichgewichtsgefühl, in dem er sämtliche anderen Fortbewegungsmittel solange abwertet, bis er für das Fahrrad nur noch Vorteile erkennen kann. Einziger Haken im zweiten Gang: Immer mal wieder würde bei dieser Umrechnerei Unvergleichbares miteinander verglichen, was zu „Resten" führen muß – zu Zweifeln, die dann ernst zu nehmende, weil störende Dimensionen annehmen können, wenn der Radfahrer sich gerade in einer unwill-

Das fliegende Fahrrad – Aviette. Eine Kuriosität um 1900.

kommenen Situation gefangen sieht – einem Stau oder einer stinkenden Auspuffwolke. Hier regelt ein gesunder Selbstwert-Mechanismus dann den dritten Gang mit seinen „Opfer-Wendungen": Der gepeinigte Strampler empfindet sich, gequält von den Autos, als „Vorbild", als ein Verzichtender, der eben nicht auf Kosten anderer eigene Vorteile sucht. Und hat er sich auf diese Weise innerlich wieder regeneriert, fühlt er sich so stark, daß er schier alles für erlaubt hält, lautes Krakeelen gegen Autofahrer ebenso wie alle Tiraden gegen die Wüstlinge am Steuer und in den Städteplanerbüros. Irgendwann aber gelangt der Radfahrer dann an einen Punkt, wo er merkt, daß er sich im eigenen Verhalten gerade dem der anderen bedrohlich annähert, gegen das er doch Position bezieht, und da schaltet er in seinen vierten Gang, den Degen „Hindernisrennen" nennt: Nun *will* der Radler entschieden Störungen als Konfrontationen haben; sein Ritt wird zur Herausforderung, zur Prüfung seiner eigenen Leistungsfähigkeit. Er überwindet den inneren Schweinehund, gibt auf gerader Strecke „volle Pulle", nimmt jede Steigung ohne Absitzen und gelangt schließlich zurück in den ersten Gang: Völlig erschöpft begreift er sich da wieder als glücklicher Bezwinger von Grenzen, entspannt sich also aufs neue und „schwebt" ...

Allerlei Kuriositäten

„Weltanschauung Fahrrad": Das gilt ganz gewiß auch für all die unbekannten und bekannten Do-It-Yourself-Aficionados, die in ihrer Freizeit basteln und Räder bauen, die kein anderer hat. Sie sind die wahren Individualisten, die bescheidenen Innovatoren ohne Lobby, deren selbstgebautes Fahrrad allemal mehr ist als ein bloßes Bewegungsinstrument. Für sie sind diese Schöpfungen Kunstwerke oder freakige Schocker, sie selbst die Amateure, die Liebhaber schlechthin, und von ihnen gibt es erstaunlich viele und erstaunlich einfallsreiche – etwa den Kleinblittersdorfer mit seinem Dreirad, das Flensburger Rikscha-Fahrrad mit Klappverdeck und hydraulischen Scheibenbremsen vom Motorrad.
Da gibt es – wie in Eckhard Möllers Buch über „Irre Fahrradtypen" zu bewundern – das Mellendorfer überlange Lastenrad „Dackel" auf zwei Rädern, das lange Baseler Transportrad „Colibri" auf drei Rädern oder das vollkommen mit Styropor verkleidete Sesselrad eines Kölner Professors. Das dänische „Leitra"-Rad mit Hinterradantrieb über Kettenschaltung, Gepäckcontainern unterm Sitz und einer fast flugzeugkanzelähnlichen Verkleidung soll einem Ingenieur an der Umweltbehörde ernsthaft das Auto ersetzen (was es auch tut). Ein Berliner baute ein Dreirad mit Schalensitz und Keilriemenautomatik, ein Itzehoer entwickelte ein Rad, das vorne *und hinten* lenkbar ist, und ein Kieler Tüftler ersann ein Tramper-Rad, das zusammengelegt so winzig ist, daß es in jede Reisetasche paßt. Ein findiger Schweizer baute sich ein dreirädriges Solarvelo, und ein anderer Kieler fertigte ein Liegestuhl-Fahrrad. Ein Kegelklub aus Dorfmark setzte sich einen veritablen mehrspurigen Vierzehnsitzer zusammen, und Tandems gibt es, soviel die Phantasie ersinnen kann. Allein die Baseler Fasnachtsräder sind schon kunterbunte Ausgeburten wahrlich hemmungsloser Schaffenskraft, und in München verarbeitete ein Flugzeugbauer allerlei Teile von Segelflugzeugen zu einem schicken Kabinen-Roller. Zwei Wolfsburger haben sich ein „unmögliches", altmodisch wirkendes Riesen-Rad zusammengebaut, dessen beide Räder je 1,90 Meter Durchmesser haben, und ein Bremer bastelte sich ein Wasser-Rad, das als Amphibium einsetzbar ist, ein bißchen aussieht wie ein verkleidetes Röhnrad und von einem umgebauten Kettcar angetrieben wird. Sie heißen „Giraffen-Tandem" oder „Doppelstock-Tandem", „Ruderrenner

Poetisches Detail in
Hollands Grachtenstadt –
Indiz für niederländischen
Hang zu Auffälligkeiten.

Vierer mit...", sind Einachser oder haben sechs Vorderräder. Das längste Fahrrad der Welt entstand in Buchen und hat – bestehend aus drei Einzelfahrrädern – 37 plus einen Kinder-Sitz, 72 Kettenräder, eine Länge über alles von 24,8 Metern und unbeladen ein Gewicht von 600 Kilo, voll besetzt von 2,5 Tonnen!

Dichter und Drahtesel

Früher ließen, so meinte der alte Chinese Konfuzius, die Historiker zwar Lücken in den Skripten „für Dinge, die sie nicht wußten"; gleichwohl muß der Gedanke, ob auf Fakt oder Mythos gegründet, für die wahren Freunde des Zweirades erhebend sein: Die Schlacht von Pearl Harbour wäre vermutlich anders ausgegangen, hätte es den radelnden Boten, der den Amerikanern die Nachricht vom bevorstehenden Angriff der Japaner bringen sollte, nicht auf dem Wege erwischt...

Und vertraut man dichterischer Freiheit, dann hat ein Drahtesel mehrere Dekaden zuvor auch bei weniger martialischem Tun assistiert, wie Ezra Pound sich in den „Pisaner Cantos" erinnert:
„W. L., der just den künftigen Nicht-Herrscher Edvardus
mit dem Fahrrad angefahren hatte, ein Fuchs auch er
A. D. 1910 oder so"
was heißen soll, daß William George Lawrence, Bruder von T. E. W., auf dem Campus von Oxford den Prince of Wales, weiland Studioso, angerempelt habe.
So ähnlich habe es, nochmal Pound, in den zwanziger Jahren in Paris auch die notorische Natalie Barney heimgesucht:
„Und drei kleine Jungs auf drei Fahrrädern
klappsten ihr junges Hinterteil im Vorbeifahrn
eh sie sich von der Überraschung des ersten Schlags erholte"
womit man elastisch von der hohen Politik

Mitglieder des Posener Radfahrvereins (Gruppenfoto aus dem Jahre 1910).

zur hohen Literatur gelangt, per Fahrrad, wohlgemerkt, zu dem kein Geringerer als der große Samuel Beckett übrigens konstatierte, es sei „ein hohes Gut. / Aber bei falschem Gebrauch wird es gefährlich." Oder man nimmt sich des Themas wie Günter Kunert an, der in seine Zeilen soziologische Klarsicht füllt:

„Mit dem Schwung in den Sattel
beginnt die Trennung vom herkömmlichen Dahinwandern.
Lösung aus alten Bindungen,
Mobilität des Individuums
signalisieren die Abbilder des Fahrrads."

Erstaunlich, wer so alles was über das Veloziped gedichtet hat, was man eigentlich, blättert man sich durch das umfangreiche Genre der Großstadtliteratur, zugunsten von Automobil, S- und U-Bahn so recht gar nicht annehmen mochte. Mark Twain hat ihm gehuldigt, und Emile Zola die Frau erst durch das Zweirad emanzipiert gesehen. Richard Dehmel und andere Expressionisten empfanden das Tretfahrzeug als menschenfreundlichen Katalysator intensiven Lebensgefühls. Karl Valentin hat sich gar ausgedacht, allwöchentlich den Radlern ihren festen Aktionstag zuzuweisen und alle anderen Mobile solange stillzuhalten, zum Segen der Verkehrssicherheit. Der Maler Vlaminck setzt den Erhalt des ersten eigenen Fahrrads gar mit der „Entstehung der Welt" gleich und den Ritt darauf als offenbarungsreiche Reise in die sinnliche Wahrnehmung der Natur von Raum und Zeit. Dabei hat die Bicyclette durchaus nicht immer nur Freunde gehabt, denkt man an den legendären Amtsgerichtsrat Schumacher, der anno 1900 zu Köln am Rhein dies von sich gab: „Man betrachte den Radfahrer als den geborenen Übeltäter, gewissermaßen einen berittenen Vagabunden." Vier Jahre vor Schumacher erscholl es im amerikanischen Baltimore auch nicht besser, als ein kalvinistischer Prediger „diese blasenrädrigen Fahrräder" im Rundschlag anprangerte als

Ein Berliner Radfahrclub startet zum Ausflug ins Grüne (um 1928).

Reifenloser Torso eines
Drahtesels, entdeckt im
Garten eines Fahrrad-
Sammlers.

Sattelperspektive auf ein
ehemaliges Post-Fahrrad.
Die Hupe kam später dazu.

„diabolische Werkzeuge des Dämons der Finsternis" – nur weil eine erkleckliche Zahl Gemeindemitglieder sonntags bei schönem Wetter lieber auf ihre gerade herausgekommenen Sicherheits-Niedrigräder stiegen, statt die Kirchenbänke zu drücken!

Funktionale Ästhetik des Fahrrads

Und sonst? Das Fahrrad als Ideologie-Transporter, als Botschaften-Träger, das Fahrrad unter besonderer Berücksichtigung der Psychologie, der Literatur, der Geschichte und Politik, des Sports und des praktischen Nutzens – ist das, neben den „Freaks" unter den Modellen, den verhinderten Schlagern und Projekten ohne wirtschaftliche Chancen wie den sündhaft teuren Ausstellungsstücken, die nicht fahren und den nur nach Zentimetern messenden Kleinkunstwerken der Stahldraht-Tüftler, ist das alles?
Wer dieses Buch *anschaut,* Motiv für Motiv auf sich wirken läßt, weiß es: Nein. Das Fahrrad ist immer auch ein Aestheticum, in Gänze betrachtet oder, gerade dann, im Detail, und das hat es gemeinsam etwa mit Schriftzeichen oder anderen Symbolen; indem es nicht ausschließlich „Sinn" hat, sondern eben auch „Schönheit", verfügt es über das, was der Ästhetiker Max Bense „funktionale Ästhetik" genannt hat, wie ein Autorumpf oder das Leitwerk eines Flugzeugs. Was aber Kunst erst zur Kunst macht, das ist die ungewohnte, die überraschende oder sogar schockierende Perspektive, also nicht das alltägliche Erscheinungsbild.
Und sie kann fast unendlich viel sein – blätternder Rost auf einem Teil des Gepäckständers, eine von der Zeit ausgeweidete Lampenhöhlung, ein skeletthafter Rahmen, räderlos, wie ein lange toter Wüstentorso. Das kann die Kette sein, die das Fahrrad an ein Geländer fesselt; oder in der Sonne das scheinbar undurchschaubare Speichengewirr.
Es kann das Chromblitzen einer Strebe sein oder die aufgetragenen Farben auf dem Schutzblech, der Zoom auf ein Ventil oder eine verwitterte Klingel, ein uralter Sattel oder ein Tuch, um den Rahmen geschlungen im leichten Wind.
Poetisch kann das Fahrrad also sein, in seinen Teilen oder mit dem Mann darauf, der in verwegenem Bogen seinen Weg durch das Verkehrsgewühl sucht. Poesie kann sich einstellen bei der ungewohnten Sicht auf viele Fahrräder hintereinander oder nebeneinander, eben durch die Perspektive, das kluge Auge des klugen Fotografen.
Und siehe da, aus dem Klepper, dem Drahtesel, dem Stahlroß wird so etwas wie ein Individuum, ein beseeltes Technikum, gerade geboren oder lang schon verschieden, mitten im Leben oder in patinagedecktem Dornröschenschlaf.
Da ist es nicht mehr das Gebilde aus Felgen, Seitenzug- oder Trommelbremsen, Kurbeln, Ketten und Pedalen, aus Freewheelschaltungen, Derailleurs, Kettenwerfern, Nabenschaltungen, Rollen, Schmierungen, Gepäckträgern und mit Bio-Cam- oder Z-Traction-Antrieb versehen oder mit allerlei imposanten Armaturen, Knöpfen und Schaltern: Da wird es mit einemmal zu einem Organismus, der nicht nach technisch-kausalen Zusammenhängen funktioniert, sondern dessen Hauptaufgabe darin besteht, daß es ihn *gibt,* wie die Skulptur, das Bild, das Gedicht, den Papierflieger, das Klavierkonzert oder all die vielen anderen Dinge, die zwar nach landläufigen Begriffen keinen „Nutzen" haben, aber doch zur Hebung der Lebensqualität unentbehrlich sind: weil das Schöne der Seele wohl tut.
Und hier ist es einmal mehr wie so oft in der Literatur beispielsweise oder bei einem Spaziergang früh morgens: Es sind immer wieder gerade die alltäglichsten Dinge, von denen, mit „anderen" Augen betrachtet, die größte Faszination ausgeht; es ist das sogenannte Banale, das, durch die sorgsam neue Draufsicht seiner

Belanglosigkeit benommen, sich erweist als das Unverzichtbare im Leben jedes einzelnen, das deshalb unverzichtbar ist, weil es uns immer wieder neu Parameter, trigonometrische Punkte liefert, ohne die wir uns nicht zurechtfinden könnten. So ist das Fahrrad ebensowenig banal wie die kleine Holzbrücke, die welke Knospe im Glas, die Eisblume oder die Regenschliere am Fenster. Und nur der phantasieloseste Voyeur könnte der Ansicht sein, ein Fahrrad sei halt ein Fahrrad und sonst gar nichts. Auch das zerbeulte Rad, die „Acht", die jeder Fahrer fürchtet, hat spezifische Schönheiten, auch die ausgehöhlte Lampenfassung, die derangierte Strebe und der rostblätterige Gepäckträger. Ihre Schönheit ist die sterbender Waldseen, toter Baumgreise, verkohlter Ruinen wie kunstvoll erdachter Fragmente und Torsi. Mit ihnen steht das Teil für das Ganze: Das fotografische Detail *ist* das ganze Fahrrad.

Aber indem diese Bilder das Fahrrad oder Teile von ihm der *ausschließlich* technischen Faszination benehmen, vermitteln sie ihm oder ihnen Qualitäten, die man im allgemeinen nicht assoziieren würde: Das Fahrrad oder sein Teil wird integriert in die Wahrnehmung von *Natur*, das von Menschen ersonnene und darum künstliche Produkt wird von seiner Künstlichkeit befreit und kann so eine Harmonie herbeiführen helfen, die in unserer Zeit immer rapider verloren zu gehen droht: den Gleichklang zwischen Mensch und Natur, der durch das Objekt nicht gestört, sondern in der Tat eingefordert wird. Es wird zum ästhetischen Zeichen, und durch dessen Einbettung in den Kontext der Natur wird mit ihm genau andersherum verfahren als es der Betrachter eines Sonnenuntergangs tut, wenn er den kommentiert mit der Prädikation: „Das ist ja *bild*schön", womit er unterschlägt, daß *nicht erst* ein erinnertes Bild und *dann* der lebendige Sonnenuntergang vorhanden waren, sondern daß das Maß aller Dinge und Wahrnehmungen auch heute noch die Natur selbst ist. Ebenso ist es naheliegender, daß ein poetisch begabter Betrachter ein ausgedientes Fahrrad mit einem Tierskelett vergleicht, als daß er ein Tierskelett umgekehrt mit einem Fahrrad assoziierte: In aller Regel also replizieren wir auf Natur. Der Grund ist einfach: Wir sehnen uns, konfrontiert mit stetigem Wandel, nach Permanenz, die wir eben nur in der Natur finden, im eleusischen Wechsel von Vergehen und Wiedergeburt. Und dieses ständigen Werdens und Vergehens eingedenk, entwickelt das morsche, „tote" Fahrrad seinen besonderen Reiz, genaugenommen einen dialektischen: Der rostige Gepäckständer wie der völlig brüchige Sattel sind nur die „andere Hälfte" des fabrikneu glitzernden Dinges, der chromblitzenden Frische – ein Gedanke, der zugegebenermaßen uns okzidentalen Menschen, die dissoziativ zu denken gelernt haben, nicht unbedingt leicht fällt ...

Doch die Poesie dieser Motive erschließt sich unmittelbar auch dem westlichsten Betrachter. „Schönheit ist schwierig", hat der Maler Aubrey Beardsley einst zu dem irischen Dichter William Butler Yeats gesagt.

Aber Beardsley wäre auch nicht im Traum auf die Idee gekommen, daß das Leitwerk eines Flugzeugs, ein Autorumpf oder die Giraffenhälse der vielen Kräne morgens am Hamburger Hafen vor einer japanisch aufgehenden blaßroten Sonne schön sein könnten. Er verstand darunter die Schönheit des Salons, der artifiziellen Eleganz, ja, der Statik.

Doch nichts in diesen Fahrrad-Bildern evoziert statische Eindrücke. Gerade der zu scheinbar ewiger Ruhe verurteilte, ausrangierte Velotorso, das stumme Detail, das doch so beredt ist, ist doch immer eine Reflektion, ein visuelles „Echo" seiner einstigen Dynamik. Sie wohnt ihm weiter inne; sie beseelt ihn; sie ist genau das, was ihn nicht wirklich zum toten Objekt werden läßt ...

Das besondere Radler-
Erlebnis – Tandem-Fahren
– in noch gesunder Natur.

Autoren / Quellen / Impressum

Karl-Heinz Raach, geb. 1959, studierte Ethnologie und Soziologie in Freiburg und Montreal. Er lebte anderthalb Jahre bei den kanadischen Eskimos (Inuit) und arbeitet seit 1983 als freier Fotograf und Journalist. Bild- und Textveröffentlichungen u. a. in natur, Equinox (Kanada), ZEITmagazin und Merian. Außerdem erschienen von ihm Fotokunstkalender zu den Themen „Bäume" und „Irland".
Im Ellert & Richter Verlag ist sein Band „Wanderschäfer" lieferbar.

Alexander Schmitz, geb. 1946 in West-Berlin. Studium der Sinologie/Amerikanistik in Göttingen und Hamburg. Literarische Übersetzungen, u. a. von George Orwell, Alexandre Dumas und T. S. Eliot. Publizist, Lyriker und Jazzgitarrist. Autor der Bücher „Das Gitarrenbuch" (1982), „Django Reinhardt" (1985). Veröffentlichung von literaturwissenschaftlichen Essays und lyrischen Texten. Mitautor des im selben Verlag erschienenen Buches „Meine Katze".

Sonderausgabe, Hamburg 1991
ISBN 3-89234-026-9

Text: Alexander Schmitz, Buxtehude
Gestaltung: Hartmut Brückner, Bremen
Satz: Headline Fotosatz, Bremen
Lithografie: Tiroler Repro, Innsbruck
Gesamtherstellung: Druckerei Uhl, Radolfzell

Bildnachweis
Farbteil: Karl-Heinz Raach, Freiburg
Alle Aufnahmen entstanden mit einer LEICA R 4 Kameraausrüstung.
S/W-Fotos: Bildarchiv Preussischer Kulturbesitz, Berlin